PROJET

DE

COLONISATION

AU SOUDAN

PAR

E. CHATELARD

———— ·×· ————

PARIS

TYPOGRAPHIE A. DÉSIRÉ ET M. THIBAL

149, RUE MONTMARTRE

PROJET

DE

COLONISATION

AU SOUDAN

Notre but n'est pas de faire, dans cette courte brochure, une étude détaillée sur l'histoire et la géographie du Soudan français. Nous laissons ce soin à nos vaillants officiers et explorateurs, nous contentant de faire un exposé sommaire des ressources que nous offrent ces régions encore bien peu connues en France, et dont un grand nombre se font une idée fausse. Etudier les moyens d'exploiter le plus promptement possible d'immenses richesses, de créer des débouchés à nos produits et à notre activité, est une œuvre, sinon aussi glorieuse que celle accomplie par nos soldats et marins, du moins aussi utile. Venant compléter la première, cette deuxième partie de la besogne qui incombe à notre intelligente nation, ne laissera pas improductifs ces admirables dévouements, grandira encore ceux qui ont donné, sans compter, leur santé et leurs forces et fait même abnégation de leur vie pour la plus grande gloire de la patrie et de l'humanité. De tous côtés les yeux sont tournés vers ce Soudan : Anglais et Allemands rivalisent et essaient de nous dépasser dans la voie des découvertes. S'ils ne peuvent y arriver, il est, malgré cela, fâcheux de constater que, pour le commerce et l'écoulement de leurs produits, ils sont plus avancés que nous. C'est qu'ils connaissent ce vieux proverbe, et que surtout ils savent l'appliquer : « Time is money ».

GÉOGRAPHIE DU SOUDAN FRANÇAIS

Le Soudan français, depuis les dernières campagnes des colonels Archinard, Humbert et Combes, a vu ses limites repoussées vers le Nord et l'Est et forme actuellement un vaste territoire où la sécurité absolue règne dans la plus grande partie.

Avant 1888, cette colonie, alors dépendance du Sénégal, ne comportait qu'une bande de territoire sur la rive gauche et le long du Sénégal, avec les pays situés entre ce fleuve et le Niger ; les postes de Bokel, Kayes, Médine, Bafoulabé, sur la rive gauche du Sénégal ; Badumbé sur le Baoulé, Kita, Koundou, Bammako, sur le Niger. Ces postes devaient servir à protéger le nouveau chemin de fer, amorce du Transsaharien. Construit de Kayes à Bafoulabé avec voie de 1 m. 00, il continuait après Bafoulabé, avec voie de 0^m 50, système Decauville, jusqu'à Dioubéba.

C'est alors que commence la véritable période de conquêtes : campagnes de 1888-1891 du colonel Archinard, de 1891-1892 du colonel Humbert, et de 1892-1893 du colonel Combes ; le colonel Archinard étant commandant supérieur du Soudan français.

Nous n'avons pas à discuter la légitimité de ces conquêtes. Qu'il nous suffise de dire que, trahis et attaqués par Ahmadou et Samory, nous avons dû défendre notre honneur et nos possessions. Quant au point de vue de la civilisation, nous avons délivré des populations, conquises autrefois par ces deux grands guerriers et emmenées en captivité loin de leurs villages. Elles ont été rapatriées depuis notre intervention et s'y occupent en paix de culture.

Limites

Comprenant les parties supérieures des vallées du Sénégal et du Niger, le Soudan français, dont l'influence s'étend aussi notablement vers l'Est, a pour limites au *Nord* le Sahara et le pays des Timbouctou ; à l'*Ouest* notre colonie du Sénégal et le Fouta-Djallon, dépendance des Rivières du Sud ; au *Sud* se trouvent le Sierra-Leone, la République de Libéria et nos comptoirs de la côte d'Ivoire ; du côté de l'*Est* les limites sont encore incertaines, et il est à prévoir qu'elles pourront être reculées nous rapprochant, dans un temps qui ne peut être loin, des riches contrées du Sokoto, du Bornou et du Tchad. Timbouctou, elle-même, ne peut tarder à nous ouvrir un jour ses portes.

Montagnes

Nous n'avons que des données peu précises sur le système orographique.

Au Sud, et courant parallèlement à la côte, les monts Kong avec des altitudes de plus de 1,000 mètres, forcent le Sénégal et le Niger à remonter du Sud au Nord. Dans le Sud-Est de la de la colonie, ces monts envoient des ramifications qui séparent les vallées profondes des affluents du Niger. En allant vers l'Ouest, leur hauteur diminue; ils se continuent par des collines de hauteur moyenne jusque dans le Fouta-Djallon.

Se détachant des monts Kong, avec une direction Sud-Nord, une chaîne de montagnes limite les vallées supérieures des deux bassins. Cette chaîne s'abaisse graduellement pour donner elle-même naissance à des collines qui prennent la direction Sud-Ouest Nord-Est qui, courant également le long du Niger, se ramifient vers l'Ouest pour séparer les affluents du Sénégal.

Enfin, au Nord et à la limite du Sahara, quelques collines moins importantes.

Ces montagnes sont encore peu connues, quoiqu'on y trouve des sites charmants, surtout dans les monts Kong, où l'installation de *sanatorium* pourrait contribuer, dans une large mesure, à nous faciliter la colonisation.

Fleuves

Les deux grands fleuves sont le Sénégal et le Niger. Laissant de côté leur importance, commençons par le plus ancien connu : le Sénégal.

Le *Sénégal* est formé par la réunion du Baoulé et du Bafing. Ce fleuve ne commence qu'à Bafoulabé qui, comme son nom l'indique, est le point où les deux fleuves n'en forment plus qu'un. *Ba* voulant dire fleuve, ou mieux beaucoup d'eau, *foula* signifiant deux en langue bambarra et *bé* pluriel de ba.

Le Baoulé prend sa source dans les collines qui séparent les deux bassins, suit une direction Sud-Nord, puis, changeant brusquement, arrive à Bafoulabé après avoir reçu les eaux du Bakoy, dont l'importance n'est pas moindre que la sienne, lequel vient un peu plus du Sud.

Le Bafing provient de la ramification des monts Kong dans le Fouta-Djallon, contrée qu'il traverse en grande partie; son cours supérieur n'est qu'imparfaitement connu.

Le Sénégal, ainsi formé, part de Bafoulabé avec une direction Sud-Est Nord-Ouest, passe les rapides et les chûtes importantes de Gouina, Mafou, Félou, les Kipps, les Kayes; reçoit sur sa droite le Farako, grossi du Marigot de Koniakary sur sa gauche, la Falémé et enfin sort du Soudan à Bakel. Il accomplit le reste de son cours dans la colonie du Sénégal. En dessous de Kayes son cours est plus régulier, et, après s'être plusieurs fois divisé, il se jette dans l'océan Atlantique à Saint-Louis.

Le *Niger* prend sa source dans les monts Kong. Il roule ses eaux du Sud-Ouest au Nord-Est, et ce n'est qu'après sa sortie de notre colonie qu'il forme une vaste courbe vers l'Est, changeant de direction, il va du Nord-Ouest au Sud-Est pour se jeter dans le golfe du Bénin. Ses affluents de la rive gauche sont peu nombreux : le Tinkisso, qui vient du Fouta-Djallon et dont le cours est à peu près inconnu; beaucoup plus bas, le Faradiana, peu important.

Ses affluents de la rive droite sont beaucoup plus nombreux et un peu mieux connus, surtout depuis la dernière campagne du colonel Combes dans le Ouassoulou. Ce sont, ne parlant que des plus importants : le Milo, le Sankarani et surtout le Bani, fleuve large et profond, dont le débit est encore accru par de nombreux affluents.

Traversant le lac Dhebo, le Niger, qui se divise en de nombreuses branches pour se réunir de nouveau, sort de notre colonie.

Ces fleuves reçoivent, en outre de leurs affluents ordinaires, des marigots, presque ou même complètement à sec pendant la saison sèche, mais qui, pendant la saison d'hivernage, roulent en torrents des masses d'eau considérables et contribuent à rendre très irréguliers l'étiages des fleuves. C'est ainsi que le Sénégal, qui est navigable jusqu'à Kayes pour des navires au long cours, ne peut permettre la navigation, même avec des chalands à fonds plats, après la saison des pluies.

Climat

Sous le rapport du climat, deux périodes bien distinctes sont à considérer : la saison des pluies ou hivernage et la saison sèche.

L'hivernage commence fin de mai ou plutôt en juin. Les orages, d'abord peu nombreux, deviennent plus fréquents en juillet et août. Aux tornades, souvent sèches, succèdent des pluies fréquentes qui ne cessent qu'en septembre ou octobre. Pendant cette période, la terre semble prendre une nouvelle vie, les espaces dénudés et grillés par le soleil se couvrent d'un manteau de verdure, l'épaisse brousse renaît. Des émanations se dégagent du sol et rendent le séjour, à cette époque, très malsain pour l'Européen.

La saison sèche qui lui succède dure d'octobre à avril, c'est la période la plus saine. A la chaleur très grande du jour succèdent les nuits, souvent très froides, de décembre et janvier, tandis que, en mars et avril, la chaleur devient intolérable.

Quelquefois il pleut en février, mais ces pluies, peu importantes, ne modifient pas d'une manière sensible le climat.

Divisions et Gouvernement

Le Soudan français, dont la capitale est Kayes, comprend trois grandes régions :

Nioro, au Nord, avec la province du Kaarta.

Ségou, sur le Niger, à l'Est, avec le Macina, le Ségou.

Siguiri, également sur le Niger, avec les anciens Etats de Samory (Ouassoulou, Sankaran, etc.)

Chacune de ces régions, placée sous l'autorité d'un officier supérieur, est divisée, à son tour, en cercles commandés par des officiers subalternes. Au chef-lieu du cercle s'élève ordinairement un poste fortifié, comprenant un magasin d'approvisionnements, une poudrière, une ambulance, le télégraphe, une boulangerie, etc. Le commandant de cercle est chargé de tout ce qui a rapport à son cercle : administration, police, justice. Il commande les troupes placées sous ses ordres : artillerie et infanterie de marine, tirailleurs, spahis.

Villes et Villages

Les villes, ou plutôt les grands villages, sont constitués par une agglomération de cases, lesquelles, bâties en terre, sont recouvertes soit avec des roseaux tressés ou de grandes herbes sèches de la brousse. Autour de ces cases, servant d'habitations, et dont le sol est quelquefois surélevé, s'en trouvent d'autres servant de magasins pour le mil, le maïs, les arachides, le riz. Dans la vallée du Niger, les villages mieux bâtis, méritent surtout le nom de villes.

Arrivant dans la colonie par le Sénégal, la première ville que l'on rencontre est Bakel, un de nos plus anciens postes.

Kayes, la capitale du Soudan français, résidence du commandant supérieur, possède quelques bâtiments, casernes, hôpital, des habitations de commerçants, assez mal bâties, il est vrai. Son importance tend à s'accroître de jour en jour. Port de la colonie, les navires ayant un tirant d'eau de même plus de 6 mètres peuvent y débarquer leur cargaison pendant un ou deux mois de l'hivernage. A Kayes se trouvent également une direction d'artillerie et les directions des divers services (administration, postes et télégraphes, service de santé, etc.).

Médine, à 10 kilomètres de Kayes, ville très commerçante, sur le Sénégal, célèbre par le siège que soutint Paul Holl contre le sultan El Hadj Omar, père du sultan Ahmadou.

Bafoulabé, point terminus du chemin de fer Kayes-Bafoulabé et tête de la nouvelle ligne à voie de $0^m,60$ (système Decauville), qui doit rejoindre le Niger à Bammako. Cette ligne, dont la construction est activement poussée par les soins d'un détachement du 5e génie, aura dans peu de temps atteint Badumbé, autre poste français sur le Baoulé, raccourcissant de jour en jour la route du Niger.

Kita, grand village et poste, à une altitude plus élevée, possède un climat sain. Là se trouve le centre de la mission catholique du Soudan.

Citons encore Koundou, autre poste français, également sur la route du Sénégal au Niger.

Dans le bassin du Sénégal et en dessus de cette ligne, Nioro, une des anciennes capitales d'Ahmadou, poste récent sur le Faraco ; Koniakary, sur un marigot.

En dessous de cette ligne, Koundian, la vieille forteresse toucouleure, sur la rive gauche du Bafing, prise lors de la campagne 1888-1889, par le colonel Archinard, qui avait à punir ses habitants des entraves qu'ils apportaient au commerce ; Niagassola, sur la route de Kita à Siguiri.

Les villes de la vallée du Niger sont : dans le Macina, Bandiagara, Mopti, port des canonnières du Niger ; dans le Segou, Segou-Sikoro, ville très étendue, sur la rive droite du Niger, ancienne capitale du sultan Ahmadou, et aujourd'hui poste français. Egalement sur le Niger : Bammako, où doit aboutir la future ligne du chemin de fer ; Siguiri, autre poste français.

Dans les anciens Etats de Samory : Bissandougou, ancienne capitale de l'Almany ; Kankan, sur le Milo, qui fait un commerce actif avec les établissements anglais de Sierra-Leone.

Enfin Kouroussa, Farannah, Eirimankono, dans un site charmant, postes français sur le Niger.

Races

De nombreuses races, ayant chacune leur langue, se distinguent dans les vallées du Sénégal et du Niger.

La connaissance de leurs habitudes et de leurs mœurs étant très utile au point de vue de la colonisation, exposons sommairement leurs caractères et leurs aptitudes.

Les *Yollofs* viennent, pour la plupart, de Saint-Louis ou de Dakar. Engagés en qualité de tirailleurs, conducteurs, spahis, ouvriers à bois et à fer, ils nous ont apporté un grand concours. Sobres et intelligents (quelques-uns d'entre eux sont même arrivés officiers) ils nous ont rendu de nombreux services. Leur langue est très différente de celles des peuples du Soudan : ainsi les Yollofs comptent par cinq, alors que les Bambarras, Saracollets et Toucouleurs comptent par dix.

Les *Kassoukés* habitent principalement la région de Kayes. le Khasso. Ils nous sont soumis depuis longtemps. La plupart d'entre eux, anciens captifs, préfèrent de beaucoup la culture à la guerre. Leur langue est, à peu près, la même que celle des Bambarras.

Les *Bambarras* et les *Malinkés* se rencontrent surtout sur les bords du Bafing, du Baoulé et du Niger. Plus belliqueux que les Kassoukés, ils fournissent en grande partie le recrutement de nos régiments de tirailleurs, des conducteurs et spahis. Ils font exception aux autres races en buvant des boissons alcooliques ; ils laissent croître leurs cheveux qu'ils portent tressés sur les côtés de la figure, ce qui, avec les balafres dont on les gratifie dans leur jeune âge, et leurs bonnets à deux pointes, contribue à les rendre d'aspect peu agréable.

Les *Toucouleurs*, originaires du Fouta sénégalais, résultent du croisement des Peuhls avec les peuples du haut et du moyen Sénégal. En général intelligents et fanatiques, ils nous ont donné beaucoup de mal pendant notre lutte contre leur sultan Ahmadou.

Les *Saracollets*, peu nombreux, sont sobres et travailleurs. Un grand nombre d'entre eux s'engagent sur la voie du chemin de fer comme terrassiers et poseurs.

Quoique n'habitant pas le Soudan, on y rencontre bon nombre de *Maures*, qui viennent chez nous faire surtout commerce de bétail et de gomme. Voleurs et très sales, ils vont vendre plus loin le produit de leurs rapines; à l'encontre des populations du pays, ils sont nomades et s'occupent beaucoup de l'élevage des troupeaux.

Agriculture

L'agriculture est très peu développée dans le Soudan fr ançais surtout au point de vue des moyens. Elle comporte surtout la culture du mil, sorgho, maïs, riz, arachides, quelque peu de coton. Les champs, ou loughans, sont débarrassés vers le mois d'avril des mauvaises herbes et débris des récoltes précédentes qui sont brûlés. La terre, grattée ensuite au moyen de *dabos*, ou pioche très légère et à manche court, est prête pour l'ensemencement qui se fait vers les premières pluies. Les grains, à peine recouverts, ne tardent pas à germer et donnent en peu de temps une récolte magnifique. Le riz de marais et le riz de montagnes réussissent également très bien. Les arachides sont moins cultivées, les noirs les consommant surtout grillées sous la cendre, leur paille constitue un bon fourrage. Quant au coton, il est quelque peu délaissé, surtout depuis l'introduction d'étoffes et cotonnades. Citons encore le karité ou beurre végétal et le kola, dont il est fait un grand commerce.

Autour des postes, il y a des jardins dans lesquels les Européens peuvent obtenir bon nombre de nos légumes d'Europe. Les tomates, aubergines et concombres, ne le cèdent en rien à ceux de France. Les choux, salades viennent bien; le cresson luimême réussit avec quelques précautions. Ajoutons à cela des fruits excellents : bananes, goyaves, citrons, papayes.

Les animaux domestiques sont : le bœuf, l'âne, le cheval, ce dernier employé seulement comme monture, les poules et quelques canards.

Quant au gibier, il est très abondant: cobas, gazelles, biches, sangliers, rats palmistes, perdrix, pintades; de nombreux oiseaux au plumage éclatant, dont le commerce tire un grand parti.

Les animaux nuisibles sont: le lion, la panthère, le chat-tigre, la hyène, le chacal et de nombreux serpents. Il n'est même pas rare d'avoir pour compagnons de nuit quelques reptiles, sans compter les rats, les crapauds et surtout les moustiques.

Commerce et transports

La question de commerce étant étroitement liée à celle des transports, nous les étudierons ensemble.

L'importation se fait de plusieurs points :

Par le fleuve et Saint-Louis, pour les objets venant de France, d'Angleterre, d'Allemagne, d'Amérique (étoffes, cotonnades, alcools, allumettes, tabac, savons, verroterie, voire même la parfumerie, dont les noirs sont tentés de faire une grande consommation).

Par le Kaarta et Nioro, pour les provenances du désert (gomme, sel en barres, bétail). L'importance du commerce pour Nioro seule est telle, que l'on évalue à trois ou quatre cent mille francs le produit des douanes perçu sur le bétail, les chevaux, le sel, la gomme, que les nomades du désert viennent nous vendre en échange du mil, indispensable pour leur nourriture, mais que leur pays ne leur saurait fournir.

Par Djenné, qui entrepose les produits du Soudan méridional pour les provenances de Timbouctou.

Par le Kankan pour les provenances anglaises de Sierra-Leone (cotonnades, étoffes gommées, armes, poudre, tabac en feuilles).

De Saint-Louis les transports s'effectuent par le fleuve, ordinairement avec de petits chalands, bâteaux plats de 8 à 10 mètres de long, et quelquefois par les petits vapeurs qui viennent à Médine chercher la gomme pour les maisons de Saint-Louis. A part cela, les transports des autres points et les transports à l'intérieur se font par caravanes de Dioulas. Huit à dix individus, rarement plus, portant une charge de 20 à 25 kilogs sur la tête, poussent devant eux des ânes et bœufs porteurs. Ces petites caravanes, partant de Médine, emportent des cotonnades et du sel, qu'elles vendent à Bammako et Kankan, achètent des kolas, du karité, qu'elles portent à Sierra-Leone.

Là, s'approvisionnant soit de poudre, soit d'étoffes à très bon marché, (0 fr. 20 le yard) suivent une route à peu près inverse pour revenir à Médine où ils apportent des kolas.

Ces transports par des moyens si primitifs, expliquent les hauts prix qu'atteignent certaines denrées dans l'intérieur du Soudan, et l'on comprend que le sel, puisse se vendre 5 francs dans la région de Bammako, que les kolas (fruits ayant beaucoup de ressemblance avec les marrons, sous le rapport de la forme et de la grosseur), provenant de Kankan, puissent se vendre 0 fr. 10 à 0 fr. 15 pièce, à Médine et à Kayes. Comment, du reste, expliquer les prix de Kayes? Haricots secs, lentilles, pois cassés, macaroni, etc., à 2 fr. le kilog, les pommes de terre, elles-mêmes, à 1 fr. le kilog, et un simple cahier de papier à cigarettes 0 fr. 50. Ces quelques chiffres en disent plus long, à eux seuls, que tous les rapports que l'on pourrait faire. En tous cas, ils montrent notre incurie en matière commerciale.

Industrie

L'industrie, peu développée au Soudan, comporte le travail du fer, un peu d'orfèvrerie, le tissage du coton, la confection de vêtements, selles, bottes, souliers, de la poterie et en général les objets de première nécessité. Encore ces productions tendent-elles à disparaître depuis les importations d'Europe.

De nombreux gisements de fer existent à fleur de sol; les minerais, très riches, peuvent être traités par une méthode tout à fait primitive. Le fer produit, qui est de très bonne qualité, est travaillé par les forgerons, caste qui jouit de certains privilèges. En général très adroits, ils fabriquent des dabos, herminettes, armes, couteaux, étriers et éperons.

L'or est travaillé par des ouvriers spéciaux qui, bien que disposant de moyens rudimentaires, arrivent à produire des bijoux qui ont un certain cachet d'originalité ; anneaux, bagues, boucles d'oreilles, colliers.

Les tisserands, qui disposent de métiers bruyants, ne peuvent faire que des bandes d'étoffes de douze à quinze centimètres de largeur seulement. Ces bandes assemblées, servent à la confection des boubous ou pagnes. Quant aux ustensiles de poteries, gargoulettes, canaris, ils sont en terre poreuse et tiennent l'eau très fraîche.

Par cet exposé sommaire, on voit que le Soudan français, arrosé par deux grands fleuves ayant peu de voies de communications et de moyens de transports, mais avec cela une population relativement laborieuse et commerçante, est un pays neuf où l'activité peut trouver d'importants débouchés. Il serait grand temps d'exploiter régulièrement ses richesses. L'étude en est assez difficile de prime abord, mais, à part cela, elle aurait des résultats assez vastes pour nous découvrir des horizons, jusqu'à ce jour inconnus, des productions de matières premières où notre industrie et notre commerce trouveraient de très grands avantages.

Ce que l'individu seul ne peut créer, une association peut le faire. Se mettant à la place de chacun, avec le concours de tous, elle peut jeter quelques jalons, créer quelques exploitations agricoles, commerciales et industrielles. Ces exploitations, cédées après une existence assurée, ne pourront que se développer et prospérer, suscitant autour d'elles de nouvelles exploitations. A partir de ce moment, la colonisation assurée par une impulsion pratique, trouverait de nombreux adhérents, et il serait permis de prévoir le temps rapproché, où cette magnifique colonie, réunie à l'Algérie à travers le Sahara, assurerait la prépondérance de la France parmi les états de la vieille Europe ; elle lui permettrait d'étendre ses bienfaits, qu'avec notre caractère chevaleresque, nous n'avons jamais marchandé à qui savait s'en montrer digne.

MISSION PRATIQUE DE COLONISATION

Pour qui veut s'établir actuellement, nous prévoyons de grandes difficultés, sinon l'impossibilité. A moins de disposer de nombreux capitaux, l'établissement dans une branche quelconque, soit commerce, industrie ou agriculture, est chose encore très difficile, sinon à Kayes, Médine ou Bafoulabé, du moins dans le reste du Soudan. A moins d'aller dans le but de vendre quelques produits dans ces dernières villes, les difficultés matérielles sont ailleurs très grandes. Si le colon s'y établit dans un but de culture, il manquera des objets de première nécessité, s'approvisionnera très difficilement et avec beaucoup de frais, et l'écoulement de ses produits lui sera à peu près impossible. S'il s'établit dans un but de commerce, il aura à compter avec le transport, l'habitation, la construction de magasins. Quant aux vivres, il serait obligé d'être boulanger, boucher, à moins de se nourrir comme les indigènes, ce que je crois peu possible pour un Européen habitué à d'autres aliments, surtout sous un climat qui exige une nourriture choisie. On peut manger quelquefois le couscous, encore faut-il qu'il soit préparé spécialement ; mais, de là à en faire sa nourriture, surtout s'il est accommodé à la mode des noirs, avec de la viande boucanée ayant passé six à huit jours au soleil, il y a de quoi répugner tout estomac autre que celui d'un indigène.

Le choix d'une bonne habitation a surtout beaucoup d'importance. Sous ce rapport, les commerçants de Kayes sont assez mal partagés. Logés dans des maisons qui ne méritent guère que le nom d'étuves, sans vérandas ni plafonds, il est surprenant que la mortalité ne soit pas plus grande parmi eux.

Alors même que de nombreux capitaux permettraient de trancher la plupart de ces questions, qui prouvera au colon que le pays où il s'établit sera productif et bien placé pour l'écoulement de ses produits, que ses moyens de culture seront en rapport avec le climat? Qui prouvera au commerçant qu'il aura choisi un bon point commercial ou pouvant le devenir ? Certainement ils acquéreront l'expérience, mais alors, fatigués et dégoûtés, ils n'aspireront qu'à revoir la France, disant, à qui voudra les entendre, que le Soudan ne vaut pas les sacrifices que l'on y peut faire.

A côté de ces inconvénients, une mission pratique de colonisation qui, tout en formant un bon personnel, étudierait toutes les branches, établirait des exploitations agricoles, commerciales, meilleur genre d'habitations, assurerait en peu de temps et pour ainsi dire sans frais, des centres d'activité qui, bien reliés, ne tarderaient pas à prendre un grand développement.

Communications et Transports

Question principale, s'il en est une. A celle-là sont subordonnées toutes les autres. Transporter rapidement et à bon marché, mais par dessus tout en quantité suffisante, tel est le point qui se pose.

Jusqu'à Kayes, nous avons déjà dit que les bateaux au long cours, et à plus forte raison du grand cabotage, pouvaient arriver pendant les mois de juillet et août de l'hivernage. Plus loin, par le chemin de fer, l'écoulement est facile jusqu'au terminus de la ligne ; mais, après, peu ou point de moyens de transports. Il conviendrait donc de créer un service par voitures, avec nombreux relais, en attendant mieux. Avec un tarif de 0 fr. 50 à 1 fr. la tonne kilométrique, une entreprise de ce genre réussirait parfaitement. Pour 300 fr. la tonne, on pourrait transporter de France à Bammako toutes marchandises et denrées, frais de transbordement compris, ce qui majorerait les prix de vente de 0 fr. 30 le kilog. On voit que, par exemple, pour le sel, 1 kilog. reviendrait à moins de 0 fr. 50, et il y aurait à faire de beaux bénéfices, le prix actuel, dans cette région, étant de 4 à 5 fr. Nous pensons que d'autres exemples analogues ne sont pas nécessaires.

Pour en arriver là, les transports par gros navires, la construction de magasins à Kayes, à Bafoulabé, s'imposent. Pour le service de transports, nous ne pouvons pas établir de chiffres.

Suivant que la traction se fera par bœufs ou mulets (ces derniers venant de l'Algérie) les prix seront très susceptibles de varier. Il nous faudrait, du reste, une étude plus complète que celle que nous avons ébauchée sur cette partie. Quant au matériel, il le faudrait robuste et simple. L'emploi du fer et de l'acier permettrait de l'avoir solide et léger ; des roues de grand diamètre et à jantes larges réduiraient beaucoup l'effort de la traction.

De Bammako ou un peu plus bas sur le Niger, un service fluvial assurerait les relations avec les établissements du pays de Segou, du Macina, et permettrait d'aller jusqu'à Kabara, port de Timbouctou.

La pénétration dans la boucle du Niger et vers le pays de Kankan se ferait de la même manière que du terminus du chemin de fer à Bammako, mais avec des voitures un peu plus légères. Enfin, une route serait aussi à établir à travers le Kaarta jusqu'à Nioro par Koniakary.

Commerce

Des moyens de communication relativement sûrs, peu onéreux et assez rapides, venant remplacer les transports par porteurs, donneraient une extension considérable au commerce.

Le commerce d'exportation régularisé rendrait beaucoup moins onéreuses les transactions par le fleuve qu'avec Sierra-Leone. De plus, la plupart des denrées venant directement de France, bon nombre de produits de provenance étrangère seraient éliminés au profit de notre industrie. Le commerce intérieur et celui d'exportation y gagneraient également.

Nous pensons que les points à choisir seraient les suivants : Kayes, avec un magasin général, entrepôt pour l'importation et l'exportation ; Médine, point d'arrivée des caravanes venant du désert et du Kaarta ; Nioro, à la limite du désert ; Bafoulabé, le point terminus du chemin de fer avec des constructions volantes ; Kita, centre de la région entre le Sénégal et le Niger : Bammako ou un point un peu plus bas sur le Niger, magasins et entrepôt. Sur le Niger : Segou, Mopti, Djenné, sur le Bani, pour l'écoulement dans le Soudan méridional ; Siquiri, entre Kankan et Kita ; Kankan, sur le Milo, pour contrebalancer l'influence anglaise de Sierra-Leone. Soit onze ou douze postes comprenant un logement et un magasin. Le choix de ces points serait, du reste, un peu subordonné aux établissements européens déjà établis. Le but de la mission étant non pas de leur faire concurrence, mais de les aider le plus possible. Ainsi, à Kayes, où il s'en trouve quatre ou cinq, appartenant à des maisons de Saint-Louis pour la plupart, il n'y aurait qu'un entrepôt avec vente en gros, tandis que, partout ailleurs, hormis peut-être deux ou trois points, Médine, Kita, Bafoulabé, les établissements seraient aussi bien destinés au commerce de gros qu'au détail. Le choix de ces points n'est pas, du reste, absolu et, seule, une étude approfondie pourra déterminer leur position exacte. De ces points, quelques indigènes intelligents seraient chargés de l'écoulement dans les villages voisins. Nous avons déjà donné quelques chiffres, nous croyons inutile de multiplier les exemples pour montrer ce que notre commerce y peut gagner.

Agriculture

Les établissements agricoles, placés le plus près possible des établissements commerciaux de telle sorte qu'ils puissent s'aider, pourraient être, dans quelques cas, réunis et dirigés par le même agent. Produisant le mil, le maïs, la paille d'arachides, nécessaires à la nourriture des animaux, ils assureraient, dans une certaine mesure le service des transports. En des points comme Nioro ou près de Nioro, ils fourniraient les grains nécessaires au commerce avec les Maures du désert contre leur gomme. Près de Kayes, ils produiraient directement pour l'exportation des arachides, maïs, sorgo, riz, etc.

De vastes terrains, vierges de toute culture, permettraient de choisir les meilleurs emplacements, tant au point de vue de la qualité des terrains que de leur bonne position. La marche à suivre serait d'abord l'établissement d'une ferme modèle, dans laquelle il serait fait, en dehors de la culture des espèces propres au pays, des essais de rendement sur ces mêmes espèces, l'acclimatement de plantes étrangères vivant dans les pays chauds : canne à sucre, coton, café, etc... L'acclimatement de quelques espèces européennes à même d'être cultivées avec quelques soins, principalement nos légumes. A cette exploitation mère, il serait adjoint un service de météorologie et d'études sur la faune et la flore du pays.

Profitant des résultats acquis, la création de fermes secondaires d'exploitation directe serait facilitée avec beaucoup moins de risques. Le boisement, en certains lieux, avec des essences de croissance rapide comme le fromager, les acacias, pourrait modifier heureusement le climat en même temps qu'il nous fournirait des combustibles ; des bois durs comme le guetch, le vigu, le hirch rendraient de grands services pour la construction, ces bois n'étant pas attaqués par les termites, à cause de leur grande dureté. Verts, ils se travaillent assez facilement et sont susceptibles d'un très beau poli; secs, ils sont si durs qu'un clou se tord souvent lorsqu'on l'enfonce.

Industrie

Nous pensons que l'industrie proprement dite ne sera jamais bien développée au Soudan. Il n'y aurait, du reste, aucun avantage à vouloir construire dans le pays les objets nécessaires à l'agriculture, aux bâtiments ou aux transports. Le manque d'ouvriers spéciaux et d'outillage rendrait cette branche fort onéreuse. A part les constructions, le montage des machines et leurs installations, tout a l'avantage d'être fourni par la France. Ne seraient traitées que les matières premières trop encombrantes et d'une manipulation facile : arachides, canne à sucre.

Quoique les matériaux de construction ne fassent pas défaut, le manque de bons ouvriers, indique la construction métallique comme la meilleure au point de vue de la solidité, de la rapidité et de l'économie. A part quelques modifications de détails à apporter, notre industrie nous fournit les éléments avec lesquels on peut avoir des habitations commodes et surtout saines. De bons frigorifères tout en y maintenant une température moyenne, permettraient à l'Européen de ne pas trouver trop de différence, lequel, pouvant fort bien ne sortir que le matin jusqu'à 10 heures, et le soir après 3 heures, sans que ses affaires en souffrent, emploirait les heures de la plus forte chaleur à ses occupations d'intérieur, comptabilité, travaux divers. Nous ne conseillons pas la sieste, surtout pour les nouveaux venus, une grande activité étant une des conditions nécessaires pour se bien porter ; du reste, si l'on en souffre les premiers temps, on ne tarde pas à s'en trouver très bien par la suite.

La houille faisant défaut, on ne devrait employer les moteurs à vapeur que le moins possible, ou du moins employer le bois comme combustible et, ce qui vaudrait encore mieux, utiliser la chaleur solaire. Si de tels appareils ne sont pas pratiques en France, ils pourraient rendre ici de grands services en nous fournissant la force nécessaire à la conduite des machines frigorifiques. Nous avons, du reste, étudié cette question et vu les immenses avantages qu'elle pourrait nous procurer. Plus tard, les nombreuses chutes des fleuves pourraient être utilisées avec des turbines et donner, soit sous forme d'électricité, ou mieux d'air comprimé, les forces nécessaires à la grande culture.

CONCLUSION

La mission de colonisation pratique peut donc se résumer dans les points suivants : étendre et rendre pratique les transports, en traçant au besoin quelques routes, créer de bons établissements de commerce avec un approvisionnement de marchandises assurées, grâce au magasin général établi à Kayes ; former des établissements agricoles avec une prospérité assurée ; introduire l'usage de machines qui, en facilitant le travail, viendraient suppléer au manque de bras qui ne tarderait pas à se faire sentir avec une production étendue ; réunir des observations sur le climat, la géographie, la culture.

Pour arriver à ce but, il faudrait moins de capitaux que l'on serait porté à le croire. La mission devant établir chaque chose dans un but de rapport, ne grèverait chaque partie que du strict nécessaire, sans toutefois faire des économies mal calculées pouvant compromettre le développement futur.

La mission serait fondée, non par dons, mais par prêts sans échéances fixes, dont la durée ne pourrait excéder cinq ans. Ce choix d'un délai de cinq ans n'est pas absolu ; dans les plus mauvaises conditions, nous pensons qu'il sera suffisant pour réaliser nos espérances, et il est plutôt à prévoir qu'avant ce temps la mission pourra être dissoute après avoir rempli ses engagements.

Ces prêts pourraient être faits soit en argent, soit en nature, et seraient portés sur le livre d'or de la mission en même temps que les noms des généreux fondateurs, avec l'affectation à donner au montant de chaque somme lors de son remboursement, à la fin de la mission : argent, établissements commerciaux ou agricoles, subventions à des missions scientifiques. Il est inutile de dire que les commerçants ou industriels qui y figureraient seraient privilégiés. Lorsqu'après la première année il faudrait approvisionner de nouveau les magasins, à moins de différence de prix trop sensible pour un même objet et pour la même qualité, nous nous adresserons à eux plutôt que partout ailleurs.

Les fonds, matériel ou marchandises, pourraient être avancés soit par le gouvernement, soit par le comite de l'Afrique française, les sociétés de géographie, d'agriculture, des commerçants et des industriels.

Quant ou remboursement, il pourrait être fait de la manière suivante.

Pour l'Etat, par la déclaration d'utilité publique ou par a cession à la fin de la mission de routes ou ponts établis dans la colonie et dont le remise lui serait faite contre déduction des sommes affectées à ces travaux par la mission ; ou bien encore par la remise d'une exploitation agricole dont on pourrait faire une ferme-école. Mais, peut-on nous objecter, pourquoi la colonie ne se chargerait-elle pas elle-même des routes, ponts, etc.? A ceci nous pouvons répondre que ces travaux exécutés, non pas en vue de communications futures, comme ce serait le cas, mais pour répondre à un besoin déterminé par le meilleur choix d'emplacement de nos établissements, seront utiles dès leur achèvement et non dans un temps indéterminé. Les voies de communication ne doivent pas nous déterminer nos points d'établissements ; ce sont, au contraire, ces derniers qui doivent primer pour les tracés de route.

La mission se libérerait vis-à-vis des sociétés en affectant les sommes équivalentes aux valeurs avancées aux diverses œuvres que ces mêmes sociétés auraient jugé de déterminer : missions scientifiques, avances à d'anciens militaires connaissant déjà la colonie et leur établissement par les soins de la mission.

Pour les commerçants et industriels, elle pourrait leur céder ou construire des magasins avec habitations saines et commodes dans lesquels ceux-ci n'auraient qu'à établir leurs représentants, profitant d'une expérience qu'ils n'auraient acquise que par le sacrifice de nombreux capitaux.

Parmi les revenus de la mission, on pourrait placer en première ligne le produit des transports, les bénéfices sur la vente des marchandises apportées la première année, le commerce fait pendant les cinq années de sa durée. La vente de grains et d'animaux au service administratif de la colonie, la cession d'exploitations agricoles en rapport.

La mission terminée n'aurait peut-être pas donné de gros bénéfices, mais elle aurait permis de provoquer sans frais ce mouvement si difficile vers le Soudan. Elle aurait créé des établissements prospères ou étant à même de le devenir et facilité un immense débouché pour nos produits en même temps qu'un marché d'approvisionnement de matières premières.

De nombreux jeunes gens qui, par suite de l'encombrement et du peu de places vacantes, trouvent difficilement à se placer, trouveraient souvent un emploi en rapport avec leurs aptitudes, ce serait, en même temps, rendre service à de nombreux désœuvrés qui ne voulant pas, en France, de positions qu'ils croient inférieures à leurs connaissances, rencontreraient là de quoi dépenser leur activité.

Notre connaissance du Soudan français, dans lequel nous avons vécu deux ans, avec celle des diverses branches qui intéressent la colonisation, nous rendent à même de mener à bonne fin une pareille entreprise. Quant à notre temps de séjour dans la colonie, il a été passé, partie dans la brousse, c'est-à-dire en dehors des postes, en qualité de « chargé de la 3e section du chemin de fer », construction du pont de Galongo, travaux divers de terrassement, etc., partie à Kayes : surveillance des ateliers de la direction d'artillerie et du chemin de fer, constructions de baraquements pour les hommes et mulets de la colonne Humbert.

Ces divers emplois, notamment ceux dans la brousse, nous ont permis d'étudier la culture. Quant au climat, une étude sur l'hygiène à adopter nous a permis de passer notre deuxième année sans un jour de maladie, quoique nous sortions, la plupart du temps, durant les heures les plus chaudes de la journée.

C'est donc parfaitement convaincu de ce que nous pouvons faire, que nous vous offrons ce résumé de nos études, mettant notre expérience et nos connaissances à la disposition de tous ceux qui ont à cœur le développement de nos colonies de l'Ouest africain, des commerçants et industriels qui ont journellement de grands frais de réclame. Nous pensons que notre appel sera entendu.

Nos idées, toutes personnelles, ne sont probablement pas les meilleures; c'est avec plaisir que nous recevrons celles que l'on voudra nous transmettre. En tous cas, des idées sur cette importante question de colonisation pratique ont dû venir à l'esprit d'un grand nombre de Français. Nous recevrons avec intérêt toutes les adhésions et les encouragements que l'on voudra bien nous adresser. Depuis la campagne dernière, on peut travailler en sécurité à cette belle œuvre, et chaque instant de retard correspond à un pas en avant de nos voisins Anglais et Allemands. Nous prions donc nos lecteurs de nous honorer d'une réponse le plus tôt possible, alors même qu'elle serait négative, afin d'éviter toute perte de temps. La désignation de ce que chacun voudrait avancer pour l'œuvre n'engage en rien pour le moment, mais cela nous permettrait de travailler sur des données à peu près certaines. Dans une seconde petite brochure adressée à tous ceux qui nous promettraient leur concours, nous exposerions notre plan bien arrêté, et de suite, après approbation et engagement des fondateurs, la mission rentrerait dans sa période active.

Le commencement de l'année 1894 serait immédiatement

employé aux demandes de concessions et études préliminaires à Saint-Louis et à Kayes. Nous ferions le voyage du Soudan, quoiqu'assez difficile à cette époque, afin que l'hivernage nous permette d'amener un bateau à Kayes, mettant ainsi notre programme immédiatement en exécution.

Il vaut mieux tard que jamais, dit un vieux dicton ; montrons aux Allemands et aux Anglais que, nous aussi, nous savons coloniser, et adoptons cette devise : « Le temps est plus précieux que l'argent. »

E. CHATELARD.

Nous prions nos lecteurs de communiquer cette petite brochure à tous ceux qu'elle pourrait intéresser, et réparer ainsi notre oubli.

Les commerçants et industriels qui voudraient bien nous faire parvenir leurs prix courants et leurs catalogues, nous faciliteraient le travail de notre seconde brochure en nous permettant de poser des chiffres exacts pour les projets de la mission.

E. CHATELARD,

12, RUE BEUDANT, PARIS.

PARIS. — DANGON, IMPRIMEUR, 123, RUE MONTMARTRE.

DÉSIRÉ ET THIBAL

149, rue Montmartre, Paris